Madama Butterfly

Tragedia Giapponese
Musica di Giacomo Puccini
Libretto di Luigi Illica e Giuseppe Giacosa

Prima rappresentazione
17 Febbraio 1904, Milano (Teatro alla Scala)

PERSONAGGI

Madama BUTTERFLY (Cio-Cio-San)	SOPRANO
SUZUKI, servente di Butterfly	MEZZOSOPRANO
KATE Pinkerton	MEZZOSOPRANO
F. B. PINKERTON, tenente nella marina americana	TENORE
SHARPLESS, console degli Stati Uniti a Nagasaki	BARITONO
GORO, nakodo	TENORE
Il principe YAMADORI	TENORE
Lo ZIO BONZO	BASSO
ZIO YAKUSIDÉ	BASSO
Il COMMISSARIO IMPERIALE	BASSO
L'UFFICIALE del registro	BASSO
La MADRE DI BUTTERFLY	MEZZOSOPRANO
La ZIA	MEZZOSOPRANO
La CUGINA di BUTTERFLY	SOPRANO
DOLORE	

Parenti, Amici ed Amiche di Cio-Cio-San, Servi.

A Nagasaki - Epoca presente.

ATTO PRIMO

Collina presso Nagasaki. La casa giapponese a sinistra. A destra il giardino. In fondo la baia di Nagasaki. Un sentiero serpeggiante accede al giardino dal ponticello.

SCENA PRIMA

Pinkerton, Goro, poi Suzuki e due Servi.

(Goro fa ammirare la casa a Pinkerton, e gli illustra i dettagli della parete che fa scorrere)

PINKERTON E soffitto... e pareti...

GORO Vanno e vengono a prova,
a norma che vi giova
nello stesso locale
alternar nuovi aspetti ai consueti.

PINKERTON Il nido nuzïale
dov'è?

GORO Qui, o là!... secondo...

PINKERTON Anch'esso a doppio fondo!
La sala?

GORO Ecco!

PINKERTON All'aperto?...

GORO (facendo scorrere le pareti)
Un fianco scorre...

PINKERTON Capisco! Un altro...

GORO Scivola!

PINKERTON E la dimora frivola...

GORO Salda come una torre
da terra fino al tetto...

PINKERTON È una casa a soffietto.

(Goro batte tre volte le mani palma a palma: entrano due uomini ed una donna e si genuflettono innanzi a Pinkerton)

GORO Questa è la cameriera
che della vostra sposa

fu già serva amorosa.
Il cuoco ~ il servitor. Sono confusi
del grande onore.
PINKERTON I nomi?
GORO Miss Nuvola leggera. ~
Raggio di sol nascente. ~ Esala aromi.
(Pinkerton ride)
SUZUKI Sorride vostro onore? ~
Il riso è frutto e fiore.
Disse il savio Ocunama:
dei crucci la trama
smaglia il sorriso.
Schiude alla perla il guscio,
apre all'uom l'uscio
del paradiso.
Profumo degli dèi...
fontana della vita...
PINKERTON A chiacchiere costei
mi par cosmopolita.
(a Goro)
Che guardi?
GORO Se non giunge ancor la sposa.
PINKERTON Tutto è pronto?
GORO Ogni cosa.
PINKERTON Gran perla di sensale!
GORO Qui verran: l'Ufficiale
del registro, i parenti, il vostro console,
la fidanzata. Qui si firma l'atto
e il matrimonio è fatto.
PINKERTON E son molti i parenti?
GORO La suocera, la nonna, lo Zio bonzo
(che non ci degnerà di sua presenza)
e cugini! e cugine...

Mettiam tra gli ascendenti
ed i collaterali, un due dozzine.
Quanto alla discendenza...
provvederanno assai
vostra grazia e la bella Butterfly.

Scena seconda
Sharpless e detti.

SHARPLESS
(da fuori)
E suda e arrampica!
e sbuffa e inciampica!
GORO ~ Il Consol sale.
SHARPLESS Ah!... quei ciottoli
m'hanno sfiaccato!
PINKERTON Bene arrivato.
SHARPLESS Ouff!
PINKERTON Presto Goro,
qualche ristoro.
(Goro entra in casa frettoloso)
SHARPLESS Alto.
PINKERTON Ma bello!
SHARPLESS Nagasaki, il mare!
il porto...
PINKERTON ...e una casetta
che obbedisce a bacchetta.
SHARPLESS Vostra?
PINKERTON La comperai
per novecento novantanove anni,
con facoltà, ogni mese,
di rescindere i patti.
Sono in questo paese elastici
del par, case e contratti.
SHARPLESS E l'uomo esperto ne profitta.

PINKERTON Certo.

PINKERTON

Dovunque al mondo il yankee vagabondo

si gode e traffica

sprezzando i rischi.

(s'interrompe per offrire a Sharpless le bevande che Goro ha fatto portare dai servi)

Milk-punch, o wisky?

(riprendendo)

Affonda l'ancora

alla ventura...

finché una raffica

scompigli nave, ormeggi, alberatura...

PINKERTON

La vita ei non appaga

se non fa suo tesor

i fiori d'ogni plaga...

d'ogni bella gli amor.

SHARPLESS È un facile vangelo...

che fa la vita vaga

ma che intristisce il cor...

PINKERTON

(continuando)

Vinto si tuffa

e la sorte riacciuffa.

Il suo talento

fa in ogni dove.

Così mi sposo all'uso giapponese

per novecento

novantanove

anni. Salvo a prosciogliermi ogni mese.

«America for ever!»

SHARPLESS Ed è bella

la sposa?
GORO (che si è avvicinato)
Una ghirlanda
di fiori freschi. Una stella
dai raggi d'oro.
E per nulla: sol cento
yen. Se vostra grazia mi comanda
ce n'ho un assortimento.
PINKERTON Va', conducila Goro.
(Goro esce di corsa)
SHARPLESS Quale smania vi prende!
Sareste addirittura
cotto?
PINKERTON Non so! Dipende
dal grado di cottura!
PINKERTON
Amore o grillo ~ donna o gingillo
dir non saprei. ~ Certo colei
m'ha coll'ingenue ~ arti invescato.
Lieve qual tenue ~ vetro soffiato,
alla statura ~ al portamento
sembra figura ~ da paravento.
Ma dal suo lucido ~ fondo di lacca
come con subito ~ moto si stacca,
qual farfalletta ~ svolazza e posa
con tal grazietta ~ silenzïosa
che di rincorrerla ~ furor m'assale
se pure infrangerne ~ dovessi l'ale.
SHARPLESS
Ier l'altro, il consolato
se n' venne a visitar!
Io non la vidi, ma l'udii parlar.
Di sua voce il mistero

l'anima mi colpì.
Certo quando è sincero
l'amor parla così.
Sarebbe gran peccato
le lievi ali strappar
e desolar forse un credulo cuor.
Quella ~ divina
mite ~ vocina
non dovrebbe dar note di dolor.
PINKERTON Console mio garbato,
quetatevi! Si sa,
la vostra età è di flebile umor.
Non c'è gran male
s'io vo' quell'ale
drizzar ai dolci voli dell'amor!
PINKERTON (offre di nuovo da bere)
Wisky?
SHARPLESS Un altro bicchiere.
Bevo alla vostra famiglia lontana.
PINKERTON E al giorno in cui mi sposerò con vere
nozze, a una vera sposa... americana.
GORO (accorrendo)
Ecco! Son giunte al sommo del pendio.
(accennando verso il sentiero)
Già del femmineo sciame
qual di vento in fogliame
s'ode il brusio.
Scena terza
Gli stessi, Butterfly e le Amiche.
LE AMICHE,
BUTTERFLY
(da fuori)
Ah! ah! ah! Quanto cielo! Quanto mar!

Ancora un passo, or via.
ALTRE VOCI, BUTTERFLY, LE AMICHE
Come sei tarda!
~ Aspetta.
~ Ecco la vetta.
~ Guarda, guarda.
BUTTERFLY
Spira sul mare e sulla
terra un primaveril soffio giocondo.
Io sono la fanciulla
più lieta del Giappone, anzi del mondo.
Amiche, io son venuta
al richiamo d'amor...
D'amor venni alle soglie
ove tutto s'accoglie
il bene di chi vive e di chi muor.
LE AMICHE Gioia a te sia,
dolce amica, ma pria
di varcare la soglia che ti attira
volgiti e mira
le cose tutte che ti son sì care.
Quanti fior! Quanto cielo! Quanto mare!
SHARPLESS O allegro cinguettar di gioventù!
BUTTERFLY (alle amiche)
Siam giunte.
F. B. Pinkerton. Giù.
LE AMICHE (si genuflettono, poi tutte si rialzano cerimoniosamente)
Giù.
BUTTERFLY Gran ventura.
LE AMICHE Riverenza.
PINKERTON È un po' dura
la scalata?
BUTTERFLY A una sposa

costumata
più penosa
l'impazienza.
PINKERTON Molto raro
complimento.
BUTTERFLY Dei più belli
ancor ne so.
PINKERTON Dei gioielli!
BUTTERFLY Se vi è caro
sul momento...
PINKERTON Grazie ~ no.
SHARPLESS (avvicinandosi)
Miss Butterfly. Bel nome che vi sta a meraviglia.
Siete di Nagasaki?
BUTTERFLY Signor sì. Di famiglia
assai prospera un tempo.
(alle amiche)
Verità?
LE AMICHE Verità!
BUTTERFLY Nessuno si confessa mai nato in povertà,
e non c'è vagabondo che a sentirlo non sia
di gran prosapia. Eppure senza millanteria
conobbi la ricchezza. Ma il turbine rovescia
le querce più robuste ~ e abbiam fatto la ghesha
per sostentarci.
(alle amiche)
Vero?
LE AMICHE Vero!
BUTTERFLY Non lo nascondo,
né m'adonto.
(a Sharpless)
Ridete? Perché?... Cose del mondo.
PINKERTON Con quel fare di bambola quando parla m'infiamma.

SHARPLESS E ci avete sorelle?
BUTTERFLY Non signore. Ho la mamma.
GORO Una nobile dama.
BUTTERFLY Ma senza farle torto
povera molto anch'essa.
SHARPLESS E vostro padre?
BUTTERFLY Morto.
SHARPLESS Quanti anni avete?
BUTTERFLY Indovinate.
PINKERTON Dieci.
BUTTERFLY Crescete.
SHARPLESS Venti.
BUTTERFLY Calate.
Quindici netti, netti;
sono vecchia di già.
SHARPLESS E
PINKERTON
Quindici anni!
SHARPLESS L'età
dei giuochi...
PINKERTON ...e dei confetti.

SCENA QUARTA
Gli stessi, il Commissario imperiale, l'Ufficiale del registro, i Parenti.
GORO
(annunzia con importanza)
L'imperial Commissario e l'Ufficiale
del registro ~ i congiunti.
PINKERTON Fate presto.
PINKERTON
Che burletta la sfilata
della nova parentela,
tolta in prestito, a mesata.

Certo dietro a quella vela
di ventaglio pavonazzo,
la mia suocera si cela.
(indicando Yakusidé)
E quel coso da strapazzo
è lo zio briaco e pazzo.
ALCUNI PARENTI Dov'è? dov'è?
BUTTERFLY Eccolo là!
CUGINA In verità
bello non è.
BUTTERFLY Bello è così
che non si può
sognar di più.
MADRE DI
BUTTERFLY
Mi pare un re!
ZIO YAKUSIDÉ Vale un Perù.
CUGINA Goro l'offrì
pur anche a me.
Ma s'ebbe un no.
BUTTERFLY Sì, giusto tu!
ALCUNI AMICI E
ALCUNE AMICHE
Ecco, perché
prescelta fu,
vuol far con te
la soprappiù.
ALTRE AMICHE La sua beltà
già disfiorì.
CUGINI E CUGINE Divorzierà.
ALTRI Spero di sì. ~
GORO Per carità
tacete un po'...

ZIO YAKUSIDÉ Vino ce n'è?
MADRE DI
BUTTERFLY E ZIA
Guardiamo un po'!
ALCUNE AMICHE Ne vïdi già
color di the,
e chermisì!
Insieme
SHARPLESS Pinkerton fortunato
che in sorte v'è toccato
un fior pur mo sbocciato!
Non più bella e d'assai
fanciulla io vidi mai
di questa Butterfly.
How-exiting! Giudizio:
o il pseudo sposalizio
vi mena al precipizio.
E se a voi sembran scede
il patto e la sua fede
badate!... Ella ci crede.
PINKERTON Sì, è vero, è un fiore, un fiore,
l'esotico suo odore
m'ha il cervello sconvolto.
Sì è vero, è un fiore, un fiore
e in fede mia l'ho colto.
LA CUGINA E ALCUNE AMICHE
Ei l'offrì pur anco a me,
ma risposo: non lo vo'!
Senza tanto ricercar
io ne trovo dei miglior,
e gli dirò un bel no!
MADRE DI BUTTERFLY E ALTRE AMICHE
Egli è bel, mi pare un re!

Non avrei risposto no!
No mie care, non mi par,
è davvero un gran signor,
né mai gli direi di no!
BUTTERFLY
(a sua madre)
Mamma, vien qua.
(agli altri)
Badate a me:
attenti, orsù,
uno ~ due ~ tre
e tutti giù.
(tutti si inchinano innanzi a Pinkerton che fa alzare Butterfly e la conduce verso casa)
PINKERTON Vieni, amor mio! Ti piace la casetta?
BUTTERFLY Signor F. B. Pinkerton, perdono...
Io vorrei... pochi oggetti
da donna...
PINKERTON Dove sono?
BUTTERFLY (indicando le maniche)
Sono qui ~ vi dispiace?
PINKERTON O perché mai,
mia bella Butterfly?
BUTTERFLY (cavando dalle maniche gli oggetti)
Fazzoletti. ~ La pipa. ~ Una cintura. ~
Un piccolo fermaglio. ~
Uno specchio. ~ Un ventaglio.
PINKERTON Quel barattolo?
BUTTERFLY Un vaso di tintura.
PINKERTON Ohibò!
BUTTERFLY Vi spiace?...
Via!
Pettini.

(trae un astuccio lungo e stretto)
PINKERTON E quello?
BUTTERFLY Cosa sacra e mia.
PINKERTON E non si può veder?
BUTTERFLY C'è troppa gente.
Perdonate.
GORO (che ha già predisposto tutto per le nozze, s'avvicina e dice all'orecchio di Pinkerton:)
È un presente
del mikado a suo padre... coll'invito...
(fa il gesto dell'hara-kiri)
PINKERTON E... suo padre?
GORO (ha obbedito)
Ha obbedito.
BUTTERFLY (disponendo alcune statuette)
Gli Ottoké.
PINKERTON Quei pupazzi?... Avete detto?
BUTTERFLY Son l'anime degli avi.
PINKERTON Ah!... il mio rispetto.
BUTTERFLY Ieri sono salita
tutta sola in secreto alla missione.
Colla nuova mia vita
posso adottare nuova religione.
Continua nella pagina seguente.
BUTTERFLY Lo zio bonzo no 'l sa,
né i miei lo sanno. Io seguo il mio destino
e piena d'umiltà
al dio del signor Pinkerton m'inchino.
È mio destino.
Nella stessa chiesetta in ginocchio con voi
pregherò lo stesso dio.
E per farvi contento
potrò quasi obliar la gente mia.

Amore mio!
GORO
(gridando da fuori)
Tutti zitti!
COMMISSARIO
IMPERIALE
(leggendo l'atto)
«È concesso al nominato
Benjamin Franklin Pinkerton,
luogotenente nella cannoniera
Lincoln, marina degli Stati Uniti
America del nord:
ed alla damigella Butterfly
del quartiere di Omara-Nagasaki,
di unirsi in matrimonio, per diritto,
il primo, della propria volontà,
ed ella per consenso dei parenti
qui testimoni all'atto.»
GORO
(cerimonioso)
Lo sposo... poi la sposa!
(firmano)
E tutto è fatto!
(i parenti salgono in casa per firmare e ridiscendono nel giardino, dove i servi fanno circolare un rinfresco)
LE AMICHE (inchinandosi ripetutamente)
Madama Butterfly!
BUTTERFLY Madama F. B. Pinkerton.
COMMISSARIO
IMPERIALE
(congedandosi)
Auguri molti.
PINKERTON I miei ringraziamenti.

COMMISSARIO
IMPERIALE
(si avvicina al Console)
Il signor Console scende?
SHARPLESS L'accompagno.
(a Pinkerton)
Ci vedremo domani.
PINKERTON A meraviglia.
UFFICIALE Posterità.
PINKERTON Mi proverò.
SHARPLESS
(a Pinkerton)
Giudizio!
(Sharpless, l'imperial Commissario e l'Ufficiale del registro discendono la collina)

Scena quinta

Pinkerton, Butterfly, gli Amici, i Parenti, poi appaiono sul ponte lo Zio bonzo e due Seguaci.

PINKERTON (Ed eccoci in famiglia.
Sbrighiamoci al più presto ~ in modo onesto.)
(alza il bicchiere)
Hip! hip!
TUTTI O Kami! o Kami!
PINKERTON
(poi tutti)
E beviamo ai novissimi legami.
ZIO BONZO (sul ponte)
Cio-Cio-San!... Cio-Cio-San!...
Abominazione!
TUTTI Lo zio bonzo!
GORO Un corno al guastafeste!
Chi ci leva d'intorno
le persone moleste?...

ZIO BONZO (avanzando)
Cio-Cio-San! Che hai tu fatto alla missione?
TUTTI Rispondi, Cio-Cio-San!
PINKERTON Che mi strilla quel matto?
ZIO BONZO Rispondi, che hai tu fatto?
TUTTI Rispondi, Cio-Cio-San!
ZIO BONZO Come, hai tu gli occhi asciutti?
Son questi dunque i frutti?
Ci ha rinnegato tutti!
TUTTI Hou! Cio-Cio-San!
ZIO BONZO Rinnegato, vi dico,
degli avi il culto antico.
TUTTI Hou! Cio-Cio-San!
ZIO BONZO Kami Sarundasico!
All'anima tua guasta
qual supplizio sovrasta!
PINKERTON (riapparendo sulla terrazza)
Ehi, dico: basta, basta!
ZIO BONZO Venite tutti. ~ Andiamo!
Ci hai rinnegato e noi...
TUTTI Ti rinneghiamo!
PINKERTON
(cacciandoli)
Sbarazzate all'istante. In casa mia
niente baccano e niente bonzeria.
TUTTI Hou! Cio-Cio-San! Kami Sarundasico!
Ci hai rinnegato e noi ti rinneghiamo!
(Grida da fuori)
Hou! Cio-Cio-San!
Scena sesta
Pinkerton, Butterfly, poi Suzuki a tratti.
PINKERTON Bimba, bimba, non piangere
per gracchiar di ranocchi.

TUTTI
(da fuori)
Hou! Cio-Cio-San!
BUTTERFLY Urlano ancor!
PINKERTON Tutta la tua tribù
e i bonzi tutti del Giappon non valgono
il pianto di quegli occhi
cari e belli.
BUTTERFLY Davver? Non piango più.
E quasi del ripudio non mi duole
per le vostre parole
che mi suonan così dolci nel cor.
(si china per baciare la mano a Pinkerton)
PINKERTON Che fai?... la man?...
BUTTERFLY Mi han detto
che laggiù fra la gente costumata
è questo il segno del maggior rispetto.
SUZUKI
(internamente, dalla casa)
E Izaghi ed Izanami,
Sarundasico e Kami.
PINKERTON Chi brontola lassù?
BUTTERFLY È Suzuki che fa la sua preghiera
seral.
PINKERTON Viene la sera...
BUTTERFLY ...e l'ombra e la quiete.
PINKERTON E sei qui sola.
BUTTERFLY Sola e rinnegata!
Rinnegata e felice!
PINKERTON (batte le mani: i servi e Suzuki accorrono)
A voi ~ chiudete.
(i servi eseguono)
BUTTERFLY Sì, sì, noi tutti soli... E fuori il mondo.

PINKERTON E il bonzo furibondo.
BUTTERFLY Suzuki, le mie vesti.
(Suzuki l'aiuta)
SUZUKI
(a Pinkerton)
Buona notte.
(Suzuki e i servi escono)
Insieme
BUTTERFLY Quest'obi pomposa
di sciogliermi tarda
si vesta la sposa
di puro candor.
Tra motti sommessi
sorride... mi guarda.
Celarmi potessi!
ne ho tanto rossor!
Ancor dentro l'irata
voce mi maledice...
Butterfly... rinnegata ~
rinnegata... e felice.
PINKERTON Con moti di scoiattolo
i nodi allenta e scioglie!...
Pensar che quel giocattolo
è mia moglie. Mia moglie!
Ma tale muliebre
grazia dispiega, ch'io
mi struggo per la febbre
d'un subito desìo.
PINKERTON
Bimba dagli occhi pieni di malìa,
ora sei tutta mia.
Sei tutta vestita di giglio.
Mi piace la treccia tua bruna

fra candidi veli...
BUTTERFLY Somiglio
la piccola dèa della luna,
la dèa della luna che scende
la notte dal ponte del ciel...
PINKERTON e affascina i cuori...
BUTTERFLY e li prende,
li avvolge in un bianco mantel.
E via se li reca al diletto
suo nido, negli alti reami.
PINKERTON Ma intanto finor non m'hai detto,
ancor non m'hai detto che m'ami.
Le sa quella dèa le parole
che appagan gli ardenti desir?
BUTTERFLY Le sa. Forse dirle non vuole
per tema d'averne a morir!
PINKERTON Stolta paura, l'amor non uccide
ma dà vita, e sorride
per gioie celestiali
come ora fa nei tuoi lunghi occhi ovali.
BUTTERFLY Adesso voi
siete per me l'occhio del firmamento.
E mi piaceste dal primo momento
che vi ho veduto. ~ Siete
alto, forte. ~ Ridete
con modi sì palesi!
E dite cose che mai non intesi.
Or son contenta. ~ Vogliatemi bene
un bene piccolino,
un bene da bambino
quale a me si conviene.
Noi siamo gente avvezza
alle piccole cose

umili e silenziose,
ad una tenerezza
sfiorante e pur profonda
come il ciel, come l'onda
lieve e forte del mare.
PINKERTON Dammi ch'io baci le tue mani care.
Mia Butterfly!... come t'han ben nomata
tenue farfalla...
BUTTERFLY Dicon ch'oltre mare
se cade in man dell'uom, ogni farfalla
da uno spillo è trafitta
ed in tavola infitta!
PINKERTON Un po' di vero c'è.
E tu lo sai perché?
Perché non fugga più. ~ Io t'ho ghermita...
ti serro palpitante.
Sei mia.
BUTTERFLY Sì, per la vita.
PINKERTON Vieni, vieni.
PINKERTON Via dall'anima in pena
l'angoscia paurosa.
(indicando a Butterfly il cielo stellato)
Guarda: è notte serena!
Guarda: dorme ogni cosa!
BUTTERFLY Dolce notte! Quante stelle!
Non le vidi mai sì belle!
Trema, brilla ogni favilla
col baglior d'una pupilla.
Oh! quanti occhi fisi, attenti
d'ogni parte a riguardare!
Lungi, via pei firmamenti,
via pei lidi, via pe 'l mare,
quanti fiammei sguardi pieni

d'infallibile languor!
Tutto estatico d'amor
ride il cielo...
PINKERTON Vieni, vieni!...
Cala il sipario.

ATTO SECONDO

Interno della casetta di Butterfly. Una porta a sinistra, la porta d'ingresso a destra. Un paravento sul fondo, nel mezzo, nasconde una specie di ripostiglio. A sinistra la scala che porta al piano superiore. A destra, un grande paravento, chiuso da shosi e da tende. A sinistra, un'immagine di Budda.

SCENA PRIMA

Suzuki che prega, davanti al Budda, Butterfly.

SUZUKI E Izaghi ed Izanami
Sarundasico e Kami...
Oh! la mia testa! E tu
Ten-Sjoo-daj!
Fate che Butterfly
non pianga più, mai più, mai più.
BUTTERFLY Pigri ed obesi
son gli dèi giapponesi.
L'americano iddio son persuasa,
ben più presto risponde a chi l'implori.
Ma temo ch'egli ignori
che noi stiam qui di casa.
(a Suzuki)
Suzuki, è lungi la miseria?
SUZUKI (aprendo un piccolo mobil)
Questo
l'ultimo fondo.
BUTTERFLY Questo? Oh! Troppe spese!
SUZUKI S'egli non torna e presto,
siamo male in arnese.
BUTTERFLY Ma torna.
SUZUKI Tornerà!
BUTTERFLY Perché dispone
che il Console provveda alla pigione,

rispondi, su!
Perché con tante cure
la casa rifornì di serrature,
s'ei non volesse ritornar mai più?
SUZUKI Non lo so.
BUTTERFLY Non lo sai?
Io te lo dico. Per tener ben fuori
le zanzare, i parenti ed i dolori
e dentro, con gelosa
custodia, la sua sposa
che son io: Butterfly.
SUZUKI Mai non s'è udito
di straniero marito
che sia tornato al nido.
BUTTERFLY Taci, o t'uccido.
Quell'ultima mattina:
tornerete signor? ~ gli domandai.
Egli, col cuore grosso,
per celarmi la pena
sorridendo rispose:
«O Butterfly
piccina mogliettina,
tornerò colle rose
alla stagion serena,
quando fa la nidiata il pettirosso.»
E tornerà.
SUZUKI Speriam.
BUTTERFLY Dillo con me:
tornerà.
SUZUKI Tornerà...
(scoppia in pianto)
BUTTERFLY Piangi? Perché?
Ah, la fede ti manca!

Senti.
BUTTERFLY
Un bel dì, vedremo
levarsi un fil di fumo sull'estremo
confin del mare.
E poi la nave appare.
E poi la nave è bianca,
entra nel porto, romba il suo saluto.
Vedi? E venuto!
Io non gli scendo incontro. Io no. Mi metto
là sul ciglio del colle e aspetto, aspetto
gran tempo e non mi pesa
la lunga attesa.
E... uscito dalla folla cittadina
un uom, un picciol punto
s'avvia per la collina.
Chi sarà? chi sarà?
E come sarà giunto
che dirà? che dirà?
Chiamerà Butterfly dalla lontana.
Io senza far risposta
me ne starò nascosta
un po' per celia, un po' per non morire
al primo incontro, ed egli alquanto in pena
chiamerà, chiamerà:
«Piccina ~ mogliettina
olezzo di verbena»
i nomi che mi dava al suo venire.
Tutto questo avverrà, te lo prometto.
Tienti la tua paura ~ io con sicura
fede lo aspetto.
Scena seconda
Le stesse, Sharpless, Goro a tratti.

GORO (nel giardino, a Sharpless)
C'è. ~ Entrate.
SHARPLESS (bussa alla porta di destra)
Chiedo scusa...
Madama Butterfly...
BUTTERFLY (senza volgersi)
Madama Pinkerton.
Prego.
(riconoscendolo)
Oh, il mio signor Console!
SHARPLESS Mi ravvisate?
BUTTERFLY Benvenuto in casa
americana.
SHARPLESS Grazie.
BUTTERFLY Avi ~ antenati
tutti bene?
SHARPLESS Ma spero.
BUTTERFLY (fa cenno a Suzuki che prepari la pipa)
Fumate?
SHARPLESS (cava una lettera di tasca)
Grazie. Ho qui...
BUTTERFLY Signore ~ io vedo
il cielo azzurro.
SHARPLESS Grazie. Ho...
BUTTERFLY Preferite
forse le sigarette americane?
SHARPLESS Ma grazie. Ho da mostrarvi...
BUTTERFLY (porge un fiammifero acceso)
A voi.
SHARPLESS Mi scrisse
Benjamin Franklin Pinkerton...
BUTTERFLY Davvero!
È in salute?

SHARPLESS Perfetta.
BUTTERFLY Io son la donna
più lieta del Giappone. ~ Potrei farvi
una domanda?
(Suzuki prepara il the)
SHARPLESS Certo.
BUTTERFLY Quando fanno
il lor nido in America
i pettirossi?
SHARPLESS Come dite?
BUTTERFLY Sì,
prima o dopo di qui?
SHARPLESS Ma... perché?...
BUTTERFLY Mio marito m'ha promesso
di ritornar nella stagion beata
che il pettirosso rifà la nidiata.
Qui l'ha rifatta per ben tre volte, ma
può darsi che di là
usi nidiar men spesso.
(Goro scoppia a ridere)
BUTTERFLY
Chi ride?
Oh, c'è il nakodo.
Un uom cattivo.
GORO (inchinandosi)
Godo...
BUTTERFLY Zitto. Egli osò... No, prima rispondete
alla domanda mia.
SHARPLESS Mi rincresce, ma... ignoro...
Non ho studiato ornitologia.
BUTTERFLY Ah! l'orni...
SHARPLESS ...tologia.
BUTTERFLY Non lo sapete

insomma.
SHARPLESS No. Dicevamo...
BUTTERFLY Ah, sì ~ Goro,
appena F. B. Pinkerton fu in mare
mi venne ad assediare
con ciarle e con presenti
per ridarmi or questo, or quel marito.
Or promette tesori
per uno scimunito...
GORO Il ricco Yamadori.
Ella è povera in canna. ~ I suoi parenti
l'han tutti rinnegata.
Scena terza
Gli stessi, poi Yamadori seguito da due Servi.
BUTTERFLY (scorgendolo sulla terrazza)
Eccolo. Attenti.
(Yamadori si avvicina.)
BUTTERFLY
Yamadori ~ ancor... le pene
dell'amor non v'han deluso?
Vi tagliate ancor le vene
se il mio bacio vi ricuso?
YAMADORI Tra le cose più moleste
è l'inutil sospirar.
BUTTERFLY Tante mogli omai toglieste,
vi doveste abituar.
YAMADORI Le ho sposate tutte quante
e il divorzio mi francò.
BUTTERFLY Obbligata.
YAMADORI A voi però
giurerei fede costante.
SHARPLESS (Il messaggio, ho gran paura, a trasmetter non riesco.)
GORO (indicando Yamadori a Sharpless)

Ville, servi, oro, ad Omara
un palazzo principesco!
BUTTERFLY Già legata è la mia fede.
GORO E YAMADORI
(a Sharpless)
Maritata ancor si crede.
BUTTERFLY Non mi credo: sono ~ sono.
GORO Ma la legge...
BUTTERFLY Io non la so.
GORO ...per la moglie, l'abbandono
al divorzio equiparò.
BUTTERFLY La legge giapponese...
non già del mio paese.
GORO Quale?
BUTTERFLY Gli Stati Uniti.
SHARPLESS (Oh, l'infelice!)
BUTTERFLY Si sa che aprir la porta
e la moglie cacciar per la più corta
qui divorziar si dice.
Ma in America questo non si può.
Vero?
SHARPLESS Vero... Però...
BUTTERFLY Là un bravo giudice
serio, impettito,
dice al marito:
«Lei vuole andarsene?
Sentiam perché?» ~
«Sono seccato
del coniugato!»
E il magistrato:
«Ah, mascalzone,
presto in prigione!»
(per troncare il discorso ordina)

Suzuki, il the.
YAMADORI
(sottovoce a Sharpless)
Udiste?
SHARPLESS Mi rattrista una sì piena
cecità.
GORO
(sottovoce)
Segnalata è già la nave
di Pinkerton.
YAMADORI Quand'essa lo riveda...
SHARPLESS
(sottovoce)
Egli non vuol mostrarsi. ~ Io venni appunto
per levarla d'inganno.
BUTTERFLY (offrendo il the a Sharpless)
Vostra grazia permette...
(sottovoce)
Che persone moleste!
YAMADORI Addio. Vi lascio il cuor pien di cordoglio:
ma spero ancor.
BUTTERFLY Padrone.
YAMADORI Ah! se voleste...
BUTTERFLY Il guaio è che non voglio...
(Yamadori saluta e parte. Goro lo segue cerimoniosamente)

SCENA QUARTA
Sharpless, Butterfly, Suzuki a tratti.

SHARPLESS (torna a tirar fuori di tasca la lettera)
Ora a noi. ~ Qui sedete.
Legger con me volete
questa lettera?

BUTTERFLY (prendendo la lettera e baciandola)
Date.
Sulla bocca, sul cuore...
Siete l'uomo migliore
del mondo. ~ Incominciate.
SHARPLESS
(leggendo)
«Amico, cercherete
quel bel fior di fanciulla...»
BUTTERFLY Dice proprio così?
SHARPLESS Sì, così dice,
ma se ad ogni momento...
BUTTERFLY Taccio, taccio ~ più nulla.
SHARPLESS
(leggendo)
«Da quel tempo felice
tre anni son passati.»
BUTTERFLY Anche lui li ha contati.
SHARPLESS
(leggendo)
«E forse Butterfly
non mi rammenta più.»
BUTTERFLY
(sorpresa)
Non lo rammento?
Suzuki, dillo tu.
(ripete le parole della lettera)
«Non mi rammenta più»!
(Suzuki accenna affermando, poi entra nella stanza a sinistra)
SHARPLESS (Pazienza!)
(seguita a leggere)
«Se mi vuole
bene ancor, se mi aspetta...»

BUTTERFLY Oh le dolci parole!
(baciando la lettera)
Tu benedetta!
SHARPLESS
(leggendo)
«A voi mi raccomando
perché vogliate con circospezione
prepararla...»
BUTTERFLY Ritorna...
SHARPLESS «al colpo...»
BUTTERFLY Quando?
Presto! Presto!
SHARPLESS (Benone.
Qui troncarla conviene...
quel diavolo d'un Pinkerton!)
(a voce alta)
Ebbene,
che fareste, Madama Butterfly,
s'ei non dovesse ritornar più mai?
BUTTERFLY (quasi balbettando per il colpo)
Due cose potrei fare:
tornar a divertire
la gente col cantare,
oppur, meglio, morire.
SHARPLESS Di strapparvi assai mi costa
dai miraggi ingannatori.
Accogliete la proposta
di quel ricco Yamadori.
BUTTERFLY (indignata)
Voi, signor, mi dite questo!
SHARPLESS Santo iddio, come si fa?
BUTTERFLY Qui, Suzuki, presto presto
che sua grazia se ne va.

SHARPLESS Mi scacciate?
BUTTERFLY Ve ne prego,
già l'insistere non vale.
SHARPLESS Fui brutale, non lo nego.
BUTTERFLY Oh, mi fate tanto male.
Tanto, tanto!
(vacilla: Sharpless fa per sorreggerla)
BUTTERFLY
Niente, niente!
Ho creduto morir. ~ Ma passa presto,
come passan le nuvole sul mare...
Ah!... m'ha scordata?
(corre nella stanza di sinistra, rientra trionfalmente tenendo il suo
bambino seduto sulla spalla)
E questo?...
e questo egli potrà pure scordare?...
SHARPLESS (con emozione)
Egli è suo?
BUTTERFLY Chi mai vide
a bimbo del Giappone occhi azzurrini?
E il labbro? E i ricciolini
d'oro schietto?
SHARPLESS È palese.
E... Pinkerton lo sa?
BUTTERFLY
No. È nato quando già
egli stava in quel suo gran paese.
Ma voi gli scriverete che lo aspetta
un figlio senza pari!
E mi saprete dir s'ei non s'affretta
per le terre e pei mari!
(al bimbo abbracciandolo teneramente)
Sai tu cos'ebbe cuore

di pensare quel signore?
Che tua madre dovrà
prenderti in braccio ed alla pioggia e al vento
andar per la città
a guadagnarti il pane e il vestimento.
Ed alle impietosite
genti, la man tremante stenderà,
gridando: ~ Udite, udite,
la triste mia canzon. A un'infelice
madre la carità,
muovetevi a pietà!
E Butterfly, orribile destino,
danzerà per te!
E come fece già
la ghesha canterà!
E la canzon giuliva
e lieta in un singhiozzo finirà!
Continua nella pagina seguente.
BUTTERFLY Ah! No, no! questo mai!
questo mestier che al disonore porta!
Morta! Mai più danzar!
piuttosto la mia vita vo' troncar!
SHARPLESS (Quanta pietà!) Vien sera. Io scendo al piano.
Mi perdonate?
BUTTERFLY (al bimbo)
(gli stringe la mano, poi volgendosi al bimbo)
A te, dagli la mano.
SHARPLESS (prendendo il bimbo tra le braccia)
I bei capelli biondi!
Caro: come ti chiamano?
BUTTERFLY Rispondi:
oggi il mio nome è: Dolore. Però
dite al babbo, scrivendogli, che il giorno

del suo ritorno,
Gioia, mi chiamerò.
SHARPLESS Tuo padre lo saprà, te lo prometto.
(esce)

SCENA QUINTA
Butterfly, poi Suzuki, Goro.

BUTTERFLY Suzuki!
SUZUKI (trascinando Goro in scena)
Vespa! Rospo maledetto!
BUTTERFLY Che fu?
SUZUKI Ci ronza intorno
il vampiro! e ogni giorno
ai quattro venti
spargendo va
che niuno sa
chi padre al bimbo sia!
GORO
(protestano)
Dicevo solo
che là in America
quando un figliolo
è nato maledetto
trarrà sempre reietto
la vita fra le genti!
BUTTERFLY Ah! menti! menti!
Dillo ancora e t'uccido!...
SUZUKI (intromettendosi, e portando con sé il bimbo)
No!
BUTTERFLY Va' via!
(Goro fugge)
Scena sesta

Butterfly, Suzuki.
BUTTERFLY (verso la camera del suo bambino)
O mio piccolo amore,
mia pena e mio conforto,
il tuo vendicatore
ci porterà lontan nella sua terra,
dove...
Colpo di cannone.
SUZUKI Il cannon del porto!
Una nave da guerra.
BUTTERFLY (precipitandosi alla terrazza sul fondo)
Bianca... bianca... il vessillo americano
delle stelle... Or governa
per ancorare.
BUTTERFLY
(prende un cannocchiale)
Reggimi la mano
ch'io ne discerna
il nome, il nome, il nome. Eccolo: ABRAMO
LINCOLN.
Tutti han mentito!
tutti!... tutti!... sol io
lo sapevo ~ io ~ che l'amo.
Vedi lo scimunito
tuo dubbio? È giunto! è giunto!
Proprio nel punto
che mi diceva ognun: piangi e dispera.
Trionfa il mio
amor! Trionfa la mia fede intera.
Ei torna e m'ama! ~
BUTTERFLY
(sul terrazzo)
Scuoti quella fronda

e dei suoi fior m'innonda. ~
Nella pioggia odorosa io vo' tuffare
l'arsa fronte...
SUZUKI Signora
quetatevi: quel pianto...
BUTTERFLY No: rido, rido! Quanto
lo dovremo aspettar?
Che pensi? Un'ora?
SUZUKI Di più.
BUTTERFLY Certo di più.
Due ore forse.
Tutto, tutto sia pien
di fior, come la notte è di faville.
Va' pei fior!
SUZUKI Tutti i fior?...
BUTTERFLY Tutti! Pesco, vïola, gelsomino,
quanto di cespo, o d'erba, o d'albero fiorì.
SUZUKI Uno squallor d'inverno sarà tutto il giardino.
BUTTERFLY Tutta la primavera voglio che olezzi qui.
SUZUKI (sporge a Butterfly un fascio di fiori)
A voi signora.
BUTTERFLY Cogline ancora.
SUZUKI Sovente a questa siepe veniste a riguardare
lungi, piangendo nella deserta immensità.
BUTTERFLY Giunse l'atteso, nulla ormai più chiedo al mare;
diedi pianto alla zolla, essa i suoi fior mi dà!
SUZUKI (appare nuovamente con le braccia cariche di fiori)
Spoglio è l'orto.
BUTTERFLY Qua il tuo carco.
Vien, m'aiuta.
SUZUKI Rose al varco
della soglia.
BUTTERFLY Il suo sedil

di convolvi s'inghirlandi.
SUZUKI Gigli?... viole?...
BUTTERFLY Intorno spandi.
BUTTERFLY E SUZUKI Seminiamo intorno april.
Gettiamo a mani piene
mammole e tuberose,
corolle di verbene,
petali d'ogni fior!
BUTTERFLY (preparando con Suzuki il necessario per la toeletta)
Vienmi ad adornar... No. Pria portami il bimbo.
(Suzuki va a cercare il bambino)
BUTTERFLY
Ahimè, non son più quella!
Troppi sospiri la bocca mandò,
e l'occhio riguardò
nel lontan troppo fiso.
Dammi sul viso
un tocco di carmino...
(Ne mette sulle guance del bimbo)
ed anche a te, piccino,
perché la veglia non ti faccia vote
per pallore le gote.
SUZUKI Ferma che v'ho i capelli a ravviare.
BUTTERFLY (sorridendo)
Che ne diranno?
E lo Zio bonzo?
Già del mio danno
tutti contenti!...
E Yamadori
coi suoi languori!
Beffati,
scornati,
spennati

gl'ingrati!
SUZUKI È fatto.
BUTTERFLY L'obi che vestii da sposa.
Qua ch'io lo vesta.
BUTTERFLY
Vo' che mi veda indosso
il vel del primo dì.
E un papavero rosso
nei capelli... Così.
Nello shosi or farem tre forellini
per riguardar,
e starem zitti come topolini
ad aspettar.
Voci misteriose a bocca chiusa.

ATTO TERZO
La stessa scena. - Notte.

SCENA PRIMA

Butterfly, Suzuki addormentata, il Bambino ai loro piedi.
(da lontano s'odono i richiami dei marinai)

SUZUKI Già il sole!
(si alza)
Cio-Cio-San!
BUTTERFLY Verrà, vedrai.
SUZUKI Salite a riposar, affranta siete.
Al suo venire
vi chiamerò.
BUTTERFLY
(salendo la scaletta)
Dormi, amor mio,
dormi sul mio cor.
Tu sei con dio
ed io col mio dolor.
A te i rai
degli astri d'or:
dormi tesor!
SUZUKI Povera Butterfly!
(apre lo shosi, si batte all'uscio d'ingresso)
SUZUKI
Chi sia?...
(apre)
Oh!...
Scena seconda
Suzuki, Sharpless, Pinkerton, entrando.
SHARPLESS Zitta! zitta!
PINKERTON Dorme? non la destare!

SUZUKI Ell'era tanto stanca! Vi stette ad aspettare
tutta notte col bimbo.
PINKERTON Come sapea?...
SUZUKI Non giunge
da tre anni una nave nel porto, che da lunge
Butterfly non ne scruti il color, la bandiera.
SHARPLESS Ve lo dissi!...
SUZUKI La chiamo...
PINKERTON Non ancora...
SUZUKI Ier sera,
lo vedete, la stanza volle sparger di fiori.
SHARPLESS Ve lo dissi?...
PINKERTON Che pena!
SUZUKI Pena! Chi c'è là fuori
nel giardino? Una donna!...
PINKERTON Zitta!
SUZUKI Chi è? Chi è?
SHARPLESS Meglio dirle ogni cosa.
PINKERTON È venuta con me.
SHARPLESS Sua moglie!
SUZUKI Anime sante degli avi!... Alla piccina
è spento il sol!
SHARPLESS Scegliemmo quest'ora mattutina
per ritrovarti sola, Suzuki, e alla gran prova
un aiuto, un sostegno cercar con te.
SUZUKI Che giova?
SHARPLESS Io so che alle sue pene
non ci sono conforti!
Ma del bimbo conviene
assicurar le sorti!
La pietosa
che entrar non osa
materna cura

del bimbo avrà.
SUZUKI E volete ch'io chieda
ad una madre...
SHARPLESS Suvvia,
parla con quella pia
e conducila qui... ~ s'anche la veda
Butterfly, non importa.
Anzi, ~ meglio se accorta
del vero si facesse alla sua vista.
Vieni, vieni!
SUZUKI Oh me trista!
PINKERTON
Oh! l'amara fragranza
di questi fiori
velenosa al cor mi va.
Immutata è la stanza
dei nostri amori...
ma un gel di morte vi sta.
(vede il proprio ritratto)
Il mio ritratto...
Tre anni son passati ~ e noverati
ella n'ha i giorni e l'ore.
PINKERTON Non posso rimaner; Sharpless, vi aspetto
per via. Datele voi... qualche soccorso...
Mi struggo dal rimorso.
SHARPLESS Non ve l'avevo detto?
PINKERTON Sì, tutto in un istante,
vedo il mio fallo e sento
che di questo tormento
tregua mai non avrò!
Sempre il mite sembiante
vedrò, con strazio atroce,
sempre la dolce voce

lamentosa udirò.
Addio fiorito asil
di letizia e d'amor.
Non reggo al tuo squallor!
Fuggo, fuggo ~ son vil!
SHARPLESS Ve 'l dissi... vi ricorda?
quando la man vi diede:
«Badate! ella ci crede»
e fui profeta allor.
Sorda ai consigli,
sorda ai dubbi ~ vilipesa,
nell'ostinata attesa
tutto raccolse il cor.
Andate ~ il triste vero
da sola apprenderà.
Ma ormai quel cor sincero
forse presago è già.

Scena terza
Sharpless, Kate, Suzuki, poi Butterfly.

KATE (A Suzuki)
Glielo dirai?
SUZUKI Prometto.
KATE E le darai consiglio
di affidarmi?...
SUZUKI Prometto.
KATE Lo terrò come un figlio.
SUZUKI Vi credo. Ma bisogna ch'io le sia sola accanto...
Nella grande ora ~ sola! ~ Piangerà tanto tanto!
BUTTERFLY (dalla camera)
Suzuki, dove sei... parla... Suzuki...
SUZUKI Son qui... pregavo e rimettevo a posto...
No... non scendete...
BUTTERFLY (discendendo precipitosa)

È qui... dov'è nascosto?
Ecco il Console... e... dove? dove?... Non c'è.
(vede Kate nel giardino)
Quella donna?...
Che vuol da me? Niuno parla?... Perché piangete?
No: non ditemi nulla... nulla ~ forse potrei
cader morta sull'attimo ~ Tu Suzuki che sei
tanto buona ~ non piangere! ~ e mi vuoi tanto bene,
un Sì od un No ~ di' piano ~ vive?
SUZUKI Sì.
BUTTERFLY Ma non viene
più! Te l'han detto!... Vespa! Voglio che tu risponda.
SUZUKI Mai più.
BUTTERFLY Ma è giunto ieri?
SUZUKI Sì.
BUTTERFLY (guardando Kate)
Quella donna bionda
mi fa tanta paura! tanta paura!
SHARPLESS È la causa innocente d'ogni vostra sciagura.
Perdonatele.
BUTTERFLY Ah! è sua moglie!
Tutto è morto per me! Tutto è finito!
SHARPLESS Coraggio.
BUTTERFLY Voglion prendermi tutto! il figlio mio!
SHARPLESS Fatelo pe 'l suo bene il sacrifizio...
BUTTERFLY Ah! triste madre! Abbandonar mio figlio...
E sia. A lui devo obbedir!
KATE (si è avvicinata timidamente)
Potete perdonarmi, Butterfly?
BUTTERFLY Sotto il gran ponte del cielo non v'è
donna di voi più felice.
Siatelo sempre felice,
non v'attristate mai per me.

Andate adesso.
KATE Povera piccina!
SHARPLESS È un'immensa pietà!
KATE (a Sharpless)
E il figlio lo darà?
BUTTERFLY (che ha udito)
A lui lo potrò dare
se lo verrà a cercare.
Fra mezz'ora salite la collina.
(Kate e Sharpless escono da destra)

SCENA QUARTA
Butterfly, Suzuki.

SUZUKI Come una mosca prigioniera
l'ali batte il piccolo cuor!
BUTTERFLY Troppa luce è di fuor,
e troppa primavera.
Chiudi.
(Suzuki chiude ovunque, l' oscurità è completa)
BUTTERFLY
Il bimbo ove sia?
SUZUKI Giuoca. Lo chiamo?
BUTTERFLY Lascialo giuocar.
Va'. ~ Fagli compagnia.
SUZUKI Resto con voi.
BUTTERFLY (cacciandola)
Va' ~ va'. Te lo comando.
(accende una lampada davanti all'immagine di Budda, va allo stipo e ne leva il velo bianco che getta attraverso il paravento, e poi prende il coltello. Ne bacia la lama, poi legge a voce bassa le parole che vi sono incise)
BUTTERFLY

«Con onor muore
chi non può serbar vita con onore.»
(s'apre la porta di sinistra e Suzuki spinge il bambino verso la madre. Butterfly lo prende e lo abbraccia)

BUTTERFLY

Tu, tu piccolo iddio!
Amore, amore mio,
fior di giglio e di rosa.
Non saperlo mai
per te, per i tuoi puri
occhi, muor Butterfly
perché tu possa andar di là dal mare
senza che ti rimorda, ai dì maturi,
il materno abbandono.
O a me, sceso dal trono
dell'alto paradiso,
guarda ben fiso, fiso
di tua madre la faccia!...
che te n' resti una traccia!
Addio! piccolo amor!
Va'. Gioca, gioca.

Butterfly ha aperto lo shosi e spinto il Bambino nel giardino. Un raggio chiarissimo è penetrato nella stanza; lei chiude; oscurità. Poi afferra il coltello e va dietro il paravento. Si ode cadere a terra il coltello, e il velo bianco scompare dietro il paravento.

PINKERTON (da fuori)

Butterfly! Butterfly!

Butterfly appare barcollando, fa qualche passo verso la porta come per aprire, e cade morta.

Printed in Great Britain
by Amazon